Bem me quer, bem me quer

Bem me quer, bem me quer
Tieloy

Coleção Tieloy conta uma história

Copyright © 2008 by
FEDERAÇÃO ESPÍRITA BRASILEIRA – FEB

1ª edição – 3ª impressão – 2 mil exemplares – 4/2013

ISBN 978-85-7328-425-6

Todos os direitos reservados. Nenhuma parte desta publicação pode ser reproduzida, armazenada ou transmitida, total ou parcialmente, por quaisquer métodos ou processos, sem autorização do detentor do *copyright*.

FEDERAÇÃO ESPÍRITA BRASILEIRA – FEB
Av. L2 Norte – Q. 603 – Conjunto F (SGAN)
70830-030 – Brasília (DF) – Brasil
www.feblivraria.com.br
editorial@febnet.org.br
+55 61 2101 6198

Pedidos de livros à FEB – Departamento Editorial
Tel.: (21) 2187 8282 / Fax: (21) 2187 8298

Texto revisado conforme o Novo Acordo Ortográfico.

Dados Internacionais de Catalogação na Publicação (CIP)
(Federação Espírita Brasileira – Biblioteca de Obras Raras)

T562b	Tieloy, 1935–
	Bem me quer, bem me quer / Tieloy; [Ilustrações: Andrea Hecksher]. 1. ed. 3. imp. – Brasília: FEB, 2013.
	47 p.; il. color.; 21 cm – (Coleção Tieloy conta uma história; v. 2)
	ISBN 978-85-7328-425-6
	1. Literatura infantil espírita. I. Hecksher, Andrea. II. Federação Espírita Brasileira. III. Título. IV. Coleção.
	CDD 028.5
	CDU 087.5
	CDE 81.00.00

Faço questão de agradecer à Tia Lúcia por me salvar. Eu explico: é que, em dado momento, me perdi na mata, onde vivem os nossos personagens, e foi ela quem me apontou o rumo certo.

Convivendo com vocês, crianças, somos levados de volta à nossa própria infância e, pela imaginação, revivemos todos os bons momentos. O nosso voo para o passado é feito nas asas do sorriso e no som cristalino das gargalhadas infantis. E é muito difícil voltar, porque a vontade é de ficar lá para sempre.

Tieloy

Era uma vez um rei

Será que você se lembra dele? Estou falando do rei Gato-do-Mato.

Ora, quem é ele?! Você não leu a historinha do Tatu Cavaleiro?

Não??? Então leia! Você não sabe o que está perdendo.

O rei Gato-do-Mato estava sentado em seu trono de pedra, e quem olhasse com atenção podia perceber que ele estava bastante preocupado.

Dona Garça chegou de mansinho, com muito jeito, e perguntou o motivo daquela preocupação.

— O que é que está havendo, Majestade? Parece tão triste!

O Rei deu um sorriso meio sem jeito.

— Eu não estou triste, Dona Garça, estou apenas preocupado. Há um problema que precisa ser resolvido, mas a solução parece-me um pouco difícil. Estou precisando de conselhos. Não um conselho qualquer, mas um bem pensado, bem ponderado.

— Mas, Majestade – observou Dona Garça –, há tantos Conselheiros que podem ajudar! Por que não apresentar o problema que o preocupa a cada um deles e pedir uma sugestão? Eu mesma, se souber do que se trata, poderei dizer alguma coisa.

O Rei abanou a cabeça.

— Não, Dona Garça. Isso levaria muito tempo e, no fim, eu teria um monte de opiniões diferentes para analisar uma a uma. Isso não funciona assim.

Dona Garça não desistiu.

— Mas é preciso fazermos algo, Majestade! Não me conformo em vê-lo assim preocupado. Vamos reunir os Ministros e Conselheiros para debater o assunto?

O Rei deu um longo suspiro e concordou.

— Está certo, Dona Garça. A senhora reúne todos os Ministros e Conselheiros, amanhã de manhã, para tratarmos do caso. Mande aviso a cada um deles. Não quero que falte ninguém, pois o assunto é muito sério e precisa ser muito bem discutido. Ao final da reunião, quero ter uma ideia do que fazer para resolver tudo de forma satisfatória.

Dona Garça ficou muito feliz.

— Claro, Majestade! Vou tomar todas as providências.

A noite já vinha chegando, e o Rei encaminhou-se para a sua toca a fim de dormir. As onças da guarda ficaram vigiando para ninguém perturbar o sono real.

No dia seguinte, mal o Sol despontou iluminando as copas das árvores, e a clareira do trono estava já ocupada pelos Ministros e Conselheiros. Estavam presentes: Dona Garça Penabranca – Chefe da Casa Civil –, Dona Sussuarana do Pelo Pardo Valente – Chefe da Casa Militar –, Senhor Jabuti Cansado Javou – Ministro da Defesa –, Dona Cobra Bocajusta – Ministra da Justiça –, Senhor Macaco Mico Folgado – Ministro das Diversões –, Senhor Cateto Leitão – Ministro dos Transportes –, Dom Tatu, o Justo

— Cavaleiro da Ordem das Tocas, Ministro da Habitação e Conselheiro do Reino. É preciso que se diga que Dom Tatu, o Justo, era uma figura da mais alta importância, respeitado em todo o reino. Estavam presentes, também, os ocupantes de vários outros cargos, inclusive Dona Saracura Três Potes, que era a Secretária da Ação Social, e Dona Araponga da Bigorna Cantante, que era a Chefe do Cerimonial.

Assim que o Rei saiu de sua toca, Dona Araponga o anunciou.

— Toin Toin Toin! Atenção!!! Sua Majestade, o rei Gato-do-Mato Catibiribato Seramatutato de Firififato!!

Todos se levantaram para saudar o Rei, e este foi logo se sentando em seu trono de pedra.

— Bom dia para todos! E agora sentem-se, porque o assunto a tratar é longo e delicado. Vamos ver se achamos uma boa saída para a crise que estamos atravessando.

E o Rei expôs o problema que o vinha preocupando:

— Não estou gostando nem um pouco do comportamento geral da bicharada. Para dizer a verdade, estou muito decepcionado. Todos implicam com todos. É um tal de botar defeito uns nos outros que não dá para entender. Está havendo muita intolerância, todos estão muito nervosos, cheios de nove-horas.

— Como assim? – perguntou o Senhor Cateto. — Eu não tenho notado nada de diferente.

— Lógico! – emendou o jabuti. — Você só pensa em encher o bucho; comer, comer, comer! Você nunca vê nada que não seja comida!

— Olha só quem está falando! – irritou-se o macaco. — Você só não come mais porque é lerdo!

— Ha Ha Ha! – riu a saracura. — Até parece que o Senhor Macaco percebe alguma coisa. Logo ele que só pensa em divertir-se, em fazer macaquices!

— Parem com isso!! – gritou Dom Tatu, o Justo. — Estão entendendo agora o porquê de Sua Majestade estar preocupado? Se, até aqui, em pleno Conselho Real, há tanta implicância, imaginem o que não se passa com o resto da bicharada.

— Justo! – concordou a cobra. — Justiça seja feita. O Rei está completamente com a razão. Os bichos estão todos desajustados e nada justifica as injustiças que cometem uns com os outros.

Dona Coruja, psicóloga e pensadora, pigarreou de modo significativo e todos olharam para ela.

— Convém analisarmos o fenômeno de modo objetivo, sem entrarmos em conjecturas extrafenomênicas...

— Pode parar! – protestou o cateto. — Isso lá é jeito de falar? Quem é que entende essa língua esquisita? Fale de modo que todos possam compreender! Se você ficar aí falando em filosofês, psicologês ou esquisitês, eu vou-me embora!

— Está bem! – concordou a coruja. — Tentarei baixar o nível para alcançá-lo.

— Também não precisa ofender! – protestou mais uma vez o cateto.

A coruja deu um longo suspiro.

— Por Deus, Senhor Cateto! Afinal de contas, o que é que o senhor tem contra mim?

— Só esse modo de falar assim difícil! – garantiu o cateto. — Imagino que a senhora é muito instruída,

muito escolada, mas é que, na verdade, eu não consigo entender nem a metade do que a senhora fala.

— Senhor Cateto! — chamou o Rei. — Por favor, deixe que a Dona Coruja fale. Continue, Dona Coruja.

A coruja pigarreou, novamente, para limpar a garganta e prosseguiu:

— Existem certas coisas que são difíceis de mudar. Uma delas é a mania que os bichos têm de botar defeito uns nos outros. Vejam bem: a anta é nariguda, a saracura tem perna fina, o queixada é gordão...

O macaco emendou:

— O tucano é bicudo, o inhambu é sem cauda...
O jabuti continuou:
— O macaco tem cauda comprida demais, o gambá é fedorento...
A saracura entrou na conversa:
— O jabuti é lerdo, o porco-espinho é nervoso, o quati é mascarado...
A garça também entrou:
— O rato é ladrão, o sapo é verruguento...
A coruja retomou a palavra:
— E vai por aí afora! Mas e daí? As coisas sempre foram assim, só que agora todos estão mais intolerantes e se sentem ofendidos. A verdade é que a velha camaradagem, que sempre existiu entre nós, desapareceu. Aí está o problema! É preciso que essa camaradagem volte sem mais tardança. Não é isso, Majestade?
— Exato! – concordou o Rei. — E é para resolver como faremos isso que estamos aqui reunidos. Vamos,

portanto, iniciar os debates. É a sua vez de falar, Senhor Cateto. Que tem o senhor a dizer?

O cateto pensou um pouco e comentou:

— Talvez esteja faltando comida, o que não deixa de provocar uma certa preocupação. A fome é muito feia! Todos têm medo dela! Quando a comida é pouca, os bichos agitam-se e ficam muito nervosos, desconfiados, pois é a própria sobrevivência que está em jogo. É bem possível que seja isso.

— Fora de cogitação! – informou Dona Saracura. — Todos estão muito bem alimentados. Faço questão de verificar isso pessoalmente, todas as semanas. No nosso reino não há ninguém com fome. Isso seria muito feio para nós; seria o mesmo que confessar incompetência.

— Eu sei o que está havendo! – afirmou o macaco. — Os bichos estão precisando de mais diversão.

Ultimamente tem havido muito trabalho e pouquíssimas festas.

— Francamente! – discordou o Rei. — Não acho que isso seja motivo. Não tenho visto muito riso, é certo, mas isso ainda não justifica a agressividade que está havendo. Vamos ouvir o Senhor Jabuti. Talvez ele tenha a resposta.

— Qual, Majestade! Eu ainda nem entendi direito o que está acontecendo. Eu ando muito, mas não vou longe, porque não dá tempo. Pode ser que o problema seja a pressa. Todo mundo anda muito apressado. O interessante é que todos têm pressa, mas ninguém sabe aonde vai. Ora! Se ninguém sabe aonde vai, então para que a pressa? É isso. Falei.

— Não deixa de ser uma opinião — aceitou o Rei —, mas vamos ouvir a Ministra da Justiça. Fale, Dona Cobra.

— Justo! – concordou a cobra. — Eu ia justamente justificar a atitude dos bichos. Acho que alguma

injustiça foi praticada e eles, como se sentem injustiçados, atacam justo no que mais ofende, que é o defeito de cada um. Estão todos desajustados.

Todos falaram, mas ninguém soube dar uma explicação que convencesse o Rei, até que Dom Tatu, o Justo, tomou a palavra.

— Acredito que está havendo um pouco de tudo, mas o principal é o egoísmo e o orgulho que geram a falta de tolerância. É preciso despertar nos bichos o amor ao próximo para que eles comecem a praticar um pouco de caridade. Caridade não é apenas matar a fome, é também cuidar de outros problemas.

Dona Saracura falou muito bem ao afirmar que não há fome em nosso Reino, mas, e quanto aos pequenos desajustes sociais, às dificuldades de convivência, às diferenças de opinião, de gostos etc.? Isso sem falar nas calamidades naturais que nos atingem e nos colocam em dificuldades, com uma certa frequência. Claro está que nós, que participamos do governo do Reino, nos esforçamos para atender a quem precisa, mas seria muito melhor se todos se dispusessem a ajudar. Quando estiverem ocupados com os problemas dos outros, os bichos não terão tempo para ficar procurando defeitos, implicando e ofendendo-se mutuamente. É isso, Majestade.

— Muito bem falado! – volveu a coruja. — Dom Tatu está coberto de razão.

— Está certo — concordou o Rei. — Já sabemos a causa do mal. Mas como efetuar a cura? Como trazer os bichos à razão?

— Acho que sei como, Majestade! – informou a garça. — Nesse ponto, o Senhor Macaco pode estar certo. Aliás, o Senhor Cateto também. Eis o meu plano: daremos uma festa de confraternização, com muita comida e muita brincadeira para toda a bicharada. Dona Coruja, como boa psi...

— Psicopata! – emendou o cateto todo prosa.

— Cale a boca! – berrou a coruja. — Psicopata é você...

— Calma, Dona Coruja! – recomendou a saracura. — O Senhor Cateto quis dizer psicóloga!

— Isso! – concordou o cateto. — Psicóloga!

— Valha-me Deus! – comentou

o macaco. — E ainda dizem que eu é que sou o palhaço. Quer fazer o favor de continuar, Dona Garça? Queremos saber qual é o seu plano.

— Como eu ia dizendo — continuou a garça —, Dona Coruja, como boa psicóloga, organiza uma brincadeira de modo que todos possam abrir-se um pouco e, no final, recebam uma lição que os oriente para uma melhor camaradagem e uma melhor compreensão do sentido de nossas vidas. Tenho certeza de que vai dar tudo certinho.

Houve um zunzum entre os presentes e deu para notar que o plano de Dona Garça era muito bem recebido.

O Rei levantou-se:

— Se ninguém tem mais nada a dizer, vamos encerrar a reunião. O plano da Ministra Dona Garça está aprovado. Podem tomar as providências para a grande festa de confraternização!

No dia da festa, todos os bichos compareceram e foi uma grande alegria, com comida à vontade e muitos bate-papos e bate-bicos. Depois que todos

estavam fartos, com a barriga bem cheia, o Rei, lá do alto do seu trono de pedra, gritou:

— Vamos brincar de roda! Formem uma roda bem grande e bem redonda para iniciarmos a brincadeira! Que ninguém fique de fora!!

Os bichos todos correram para formar a roda e deram-se as patas ou as asas.

— Muito bem!! – gritou o Rei. — Agora Dona Araponga vai comandar a brincadeira. Todos devem fazer o que ela mandar. Tome posição, Dona Araponga!

E Dona Araponga entrou na roda e ficou bem no meio.

— Toin Toin Toin! Atenção!!! Vou declamar uma quadrinha e elogiar um bicho qualquer para ele ser o primeiro a vir para o centro da roda. Esse bicho vem para o centro da roda e, por sua vez, declamará uma quadrinha elogiando outro. O bicho que for elogiado tomará o lugar do primeiro no centro da roda e fará a mesma coisa com um outro. Assim, todos terão oportunidade de agradar a um amigo, mostrando sua admiração por ele. Prestem bem atenção, porque é preciso declamar uma quadrinha certinha! Não vale verso de pé quebrado! Vou começar! Aí vai!!

Dos bichos todos da roda,
cauda mais linda não há,
pois está sempre na moda
a do Senhor Tamanduá!

O tamanduá entrou na roda, todo orgulhoso da sua cauda enorme e peluda, e foi logo declamando:

Agradece este amigo
o elogio que ora vem,
mas admiro, e isso digo,
as penas que a Garça tem!

A bicharada caiu na risada. A garça ficou muito sem jeito, mas foi para o centro da roda e falou bem alto:

Eu gostei do galanteio.
E aproveito esse pé
para dizer que não é feio,
o couro do Jacaré!

O jacaré abriu a bocarra numa gostosa gargalhada, depois foi para o meio da roda e declarou:

Não mereço o que falou,
é tudo bondade pura.
Dona Garça não notou
as pernas da Saracura!

A saracura, com suas pernas fininhas, foi para o meio da roda toda envergonhada:

Seu Jacaré é tolinho,
se acha que eu sou bela.

Bonito é o Porco-Espinho
que não é nada magrelo!

Todos riram da honestidade da saracura e o porco-espinho, mesmo não tendo gostado, tomou seu lugar:

Se é para falar em gordura,
a minha é quase nada.
Gordo mesmo, Saracura,
sem dúvida é o Queixada!

Os bichos caíram na risada, mas o queixada ficou de cara amarrada e muito ofendido:

Eu sei que riem de mim
por ser um tanto gordão,
mas prefiro ser assim,
do que Jabuti lerdão!

O jabuti arregalou os olhos e foi para o meio da roda. Demorou um pouco, mas ele acabou chegando:

Só porque sou vagaroso
vão logo me ofendendo.
Mas e o Gambá que é lustroso
e vive sempre fedendo?

Todos taparam o nariz, porque o gambá não gostou de ouvir aquilo e podia reagir soltando aquele seu cheirinho que ninguém aguentava. Devagarinho, ele tomou o seu lugar e ficou olhando para o quati que rolava no chão, dando gargalhadas. Ficou pensando se valia a pena ou não dar uma resposta direta no nariz de todos os bichos ali presentes, mas, por fim, se acalmou:

Passo adiante o recebido,
de acordo com o tamanho.
Quati é muito sabido,
mas nunca o vi tomar banho!

O quati piscou os olhinhos por trás de sua máscara preta, parou de rir e foi para luta:

Tomo banho, seu mondrongo,
lavo a cara, o pé e a mão.
Bem pior é o Camundongo
que, além de sujo, é ladrão!

O camundongo estufou o peitinho e partiu para cima do quati, mas, felizmente, os outros o seguraram no meio da roda até ele se acalmar e estar em condições de responder:

Em questão de dar mancada,
esse Quati é um estrepe.
Eu não roubo quase nada,
mais ladrão é o Serelepe!

O serelepe foi para o centro da roda tão rápido que ainda deu um encontrão no camundongo que já ia se retirando. Sua resposta não demorou:

Se é para botar defeito,
que se fale só a verdade.
Capivara não tem jeito,
além de gorda é covarde!

A capivara tomou o seu lugar e se defendeu:

Covarde não, cautelosa!
Quero ver quem é, daqui,
que enfrenta a força maldosa
do abraço da Sucuri!

A sucuri soltou-se toda e foi para o meio da roda:

Não há, aqui, quem não me tema,
mas, vejam bem, sou boazinha.

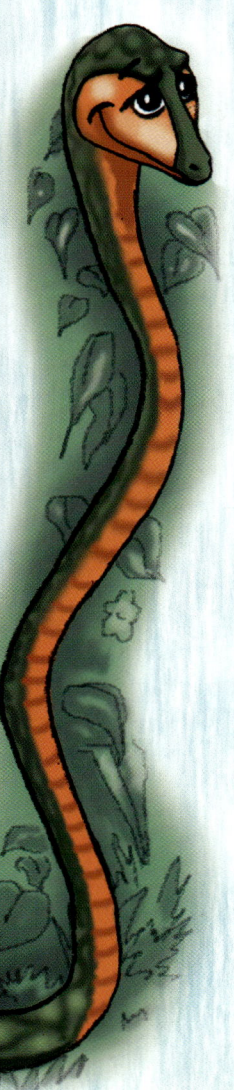

Perigosa é a Seriema,
que parece tão mansinha!

E o festival de ofensas seguiu adiante com os bichos cada vez mais excitados, nervosos e prontos para responder, na bucha, qualquer referência ao que tinham de mais incomum. A Seriema chamou o cateto de guloso. Esse, por sua vez, chamou o pato de baixinho que, não se fazendo de rogado, disse que o jaçanã tinha pés de jangada. Alguém acabou dizendo que o tuiuiú tinha biquinho de anjo, o que o ofendeu além da conta e o fez chamar a jiboia de projeto de sucuri. A jiboia acabou dizendo que a cascavel era chocalho de sambista e essa despachou adiante a ofensa e disse que a cobra-coral não passava de um minhocão, colorido e vaidoso.

A coisa estava ficando cada vez mais preta. E quase pega fogo quando o lobo-guará, muito ofendido por ter sido chamado de pernalonga, disse que o veado-galheiro não passava de um cabide empenado. O veado chegou a chamar o guará para um duelo de cabeçadas; mas quem mais se queimou foi o touro marruá que afirmou ser o veado um covarde e dispondo-se a aceitar o desafio para as cabeçadas. É claro que o veado acabou desculpando-se e deixando as cabeçadas para outra ocasião.

    O rei Gato-do-Mato olhou, desconfiado, para a Dona Coruja, mas ela o tranquilizou com um sinal e a sessão de ofensas continuou, com a perereca chamando o sapo de verruguento e este dizendo que a lebre era orelhuda. A lebre xingou o papagaio de linguarudo, que descarregou em cima da jandaia chamando-a de farrista inveterada. A jandaia insultou a juriti dizendo que ela não passava de uma rolinha com mania de grandeza. A rola Fogo-Apagou quis responder no lugar da juriti e foi preciso expulsá-la, a muque, do meio da roda.

E a roda girava para um lado e para o outro, esquentando os ânimos da bicharada, até que Dona Coruja fez um sinal para o Senhor Macaco e ele confirmou que entendera tudo.

Quem estava na roda era o marreco e ele dizia:

Eu sou até bem comum,
pois todo bicho tem manha.
Mas olhem bem para o Mutum,
com o papo cheio de aranha!

O mutum caminhou muito altivo para o meio da roda e admitiu:

Confesso que como bem,
isso até que é natural.
Mas é o Tucano que tem
um bico descomunal!

O tucano não quis nem saber de conversa e foi logo engrossando:

Francamente, o meu biquinho
é coisa linda e bem rara.
Feio mesmo e bem tortinho
é o bicão da arara!

A arara deu uma risada de pouco caso e respondeu, logo em seguida. Ela era um dos bichos escolhidos de antemão para provocar o macaco:

Posso ter bico feioso,
mas minha cauda é formosa.
Macaco, além de manhoso,
inda tem cauda horrorosa!

O macaco, por sua vez, com três pulos alcançou o centro da roda e, de acordo com o combinado, provocou a anta...

Em cauda, sou mesmo falho,
mas peço a Deus que me acuda.
Prefiro cair do galho,
que ser Anta nariguda!

Realmente, o nariz da anta é um tanto exagerado, mas ela, ao contrário dos outros, não se mostrou ofendida e foi até bem gentil:

Este é o nariz que ganhei
quando nasci, e assim fica.
Mas confesso que adorei
a cor da Jaguatirica!

A jaguatirica, com seu vistoso casaco de pele, tomou o centro da roda com toda a calma:

Ainda bem que parou
a mania da ofensa,

porque sei, ninguém gostou
de ouvir tanta malquerença!

Agradeço a Dona Anta
por ser assim tão gentil,
mas bonita que até espanta
é a Onça, tão viril!

A onça, majestosa e elegante, foi para o centro da roda. Fez-se o mais completo silêncio. Todos sabiam que a onça falava pouco, mas dizia muito. Era muito sábia e dava sempre bons conselhos:

Quando o Senhor Deus nos fez,
caprichou nas nossas formas.
Portanto, todos têm vez,
basta seguir suas normas.

Passamos por este reino,
que o homem diz "animal",
como uma espécie de treino
até a fase final.

Seremos homens um dia,
todos nós, sem exceção,
do touro bravo à cotia,
do tiziu ao gavião.

Vamos então, desde agora,
controlar as atitudes,
pra seguir no tempo afora
adquirindo virtudes.

No futuro, ainda seremos
Arcanjos do Pai, até;
basta só que nos amemos
sem nunca perder a fé!

Dona onça calou-se e o silêncio era tanto que se podia ouvir a brisa da tarde mexendo com as folhas das árvores. Havia um sentimento de vergonha e de arrependimento pairando no ar e, em muitos olhos, a lágrima da emoção podia ser vista brilhando e refletindo a luz que vinha do alto.

O rei Gato-do-Mato levantou-se bem devagar e começou a aplaudir. Num instante, todos os bichos abraçavam-se em confraternização e aplaudiam também. Sentiam, agora, que a sessão de insultos não levara a nada de bom e fora preciso que Dona Anta quebrasse a cadeia de ofensas para que Dona Onça pudesse mostrar a todos que havia um caminho certo para seguir, um objetivo nobre para alcançar. Todos queriam progredir e passar ao reino hominal; todos queriam transformar-se em homens e, com toda certeza, em homens de bem!

Quando revidamos uma ofensa, criamos um monstro que vai crescendo, crescendo, até tornar-se tão grande que já não podemos mais com ele. Nesse momento, somos dominados por esse monstro que se chama ódio.

Ao perdoar a ofensa, criamos em torno de nós uma barreira protetora que vai expandindo-se e protegendo a todos que amamos. Essa barreira protetora se chama amor.

Tieloy

Para pensar

— O que acontece quando o ódio nos domina?

— Quando o amor nos envolve, o que ocorre?

Mensagem final

Esta historinha é pro povo

Que não quer, da guerra, a glória.

Vamos já pedir de novo:

Tieloy! Conta outra história?

Como funciona?

Utilize o aplicativo QR Code no seu aparelho celular ou *tablet*, posicione o leitor sobre a figura demonstrada acima, a imagem será captada através da câmera do seu aparelho e serão decodificadas as informações que levarão você para o *site* da Editora.

Conselho Editorial:
Antonio Cesar Perri de Carvalho – Presidente

Coordenação Editorial:
Geraldo Campetti Sobrinho

Produção Editorial:
Fernando Cesar Quaglia

Coordenação de Revisão:
Davi Miranda

Revisão:
Rosiane Dias Rodrigues

Capa, Projeto Gráfico e Diagramação:
Isis Florêncio Alburquerque Cavalcante

Ilustrações:
Andrea Hecksher

Normalização Técnica:
Biblioteca de Obras Raras e Patrimônio do Livro

Esta edição foi impressa pela Ediouro Gráfica e Editora Ltda., Bonsucesso, RJ, com tiragem de 2 mil exemplares, todos em formato fechado de 210x210 mm. Os papéis utilizados foram o Couché Brilho 115 g/m² para o miolo e o cartão Supremo 300 g/m² para a capa. O texto principal foi composto em fonte Amaranth 16/20.